MUSIC, by Krzysz
Translated by P

CW00340671

KRZYSZTOF ANDRZEJ JEŻE
sayist was born in 1939 in vvarsaw, since 1970 he has resided in France. He graduated in Romance Studies at the University of Warsaw and in Polish Studies at the Sorbonne. Jeżewski is the author of fourteen volumes of poetry: *Muzyka* [Music], acknowledged by critics as a masterpiece of late twentieth century Polish poetry; *Księga snów* [A Book of Dreams]; *Znak pojednania* [The Mark of Reconciliation]; *Popiół słoneczny* [Ashes in the Sunshine]; *Kryształowy ogród* [The Crystal Garden]; *Żagle niebieskie* [Celestial Sails]; *Płomień i noc* [Fire and the Night]; *Światłość u progu* [Splendour on the Threshold] etc. and forty four volumes of translations into French (including seven poetry anthologies) of works by leading Polish authors (Norwid, Schulz, Gombrowicz, Miłosz, Baczyński, Kuśniewicz, Różewicz, Szymborska, John Paul II and others). He has also translated into Polish works by numerous 20th century French (Segalen, O. Milosz, Char, Michaux), Hispanic-American (Gorostiza, Paz, Borges), and English/American (Whitman, Hopkins, Raine) authors, as well as works by the 17th Century German mystic and theologian Angelus Silesius. He has published studies of the Polish poet Cyprian Norwid, and of various musical works, has expanded and edited the biography of Beethoven published by his grandfather Adam Czartkowski, and published a new edition of the latter's eminent biography of Chopin. Jeżewski's own poetry has been translated into French, English, German, Russian, Hebrew and Corsican. Joanna

Bruzdowicz composed music to accompany his poems *Etiudy przestrzenne* [Spatial Études].

Jeżewski is the recipient of numerous awards: the Karol Szymanowski medal, the ZAiKS [Society of Polish Authors] award, the Konstanty A. Jeleński award conferred by the Paris literary journal *Kultura* [Culture] and the Polish PEN-Club award. In 2011 he received the *Gloria Artis* Silver Medal for his outstanding contribution to the popularisation of Polish culture in France and in 2013 the Norwid Foundation Medal for the dissemination of Norwid's works in that country.

Patrick John Corness is Visiting Professor of Translation at Coventry University and Honorary Research Fellow at the University of Leeds. An award-winning literary translator, he has published translations of works by the Polish writers Cyprian Norwid, Princess Franciszka Urszula Radziwiłłowa, Olga Tokarczuk, Jan Twardowski and Stanisław Wygodzki and is presently working on a translation of Józef Wittlin's acclaimed pre-war novel *The Salt of the Earth* (forthcoming at Pushkin Press). The anthology of 18th century drama and verse by Princess Radziwiłłowa which he translated and co-edited for the 'The Other Voice in Modern Europe' (The Toronto Series) was awarded the Josephine Roberts award for the best scholarly edition of 2015 in the field of early modern women and gender by the Society for the Study of Early Modern Women (SSEMW).

Professor Corness also translates from Czech, German, Russian and Ukrainian. In 2013 he was awarded the Silver Medal of the Faculty of Arts, Charles University in Prague, for contributions to the international dissemination of Czech scholarship and culture. In 2016 he was nominated by Adam Mickiewicz University, Poznań, for the TransAtlantyk Prize awarded by the Polish Book Institute to "outstanding ambassadors of Polish literature abroad".

MICHAŁ JÓZEFOWICZ (1941–1989), was one of the great outsiders of Polish painting in the second half of the twentieth century. A graduate of the Kraków Academy of Fine Arts, where he studied under Czesław Rzepiński, he settled in France in 1969. The paintings of Józefowicz reveal a certain kinship with Quattrocento painting, with Flemish art and with surrealism, but perhaps his closest affinity is with the metaphysical painting of Giorgio de Chirico and Magritte. He also owes a good deal to the world of reverie. But perhaps his closest affinity is with music. In that respect he is reminiscent of another great Polish metaphysical artist, Zdzisław Beksiński, who while painting listened to music for hours on end. Although the paintings of Józefowicz are less apocalyptic, they are disturbing in their mysterious, enigmatic nature and their ambivalence. Their poetics is that of a visionary, or perhaps a prophet, a poetics of the dusk and the night. Like music, they evoke the ineffable beauty of the world and, to use an expression of S. I. Witkiewicz, the "strangeness of existence". Also like music, they are an image of transcendental Reality. As the artist himself expressed it, "If this world ceased to exist, it could be re-created thanks to the symphonies of Mahler".

MUSIC

by

KRZYSZTOF ANDRZEJ JEŻEWSKI

Translated by

PATRICK JOHN CORNESS

Anima Poetry Press

This translation first published in 2017
by Anima Poetry Press, Cissbury, Ashfield Road,
Midhurst, West Sussex, GU29 9JS.

Original publication: Krzysztof Jeżewski, Muzyka.
Tikkun, Warszawa 1995, In memory of
Witold Małcużyński (1914-1977).

Illustrations by Michał Józefowicz,
Copyright © 2017 Henri Józefowicz.

Cover Image: Alphonse Osbert, Chant du soir, 1906, Oil on
Canvas, Inv. D.98.8.2, Nancy, Musée des Beaux-Arts,
Cliché Ville de Nancy, P. Buren.

ISBN: 978-0-9935966-2-9

Translator's dedication

For my muses:
cousins Cathie and Ana

La pleine lune [Full moon]

INTRODUCTION

Qualunque melodia più dolce suona
qua giù e più a sé l'anima tira,
parrebbe nube che squarciata tona,

comparata al sonar di quella lira
onde si coronava il bel zaffiro
del quale il ciel più chiaro s'inzaffira.

Whatever melody sounds sweetest here,
And draws the spirit most unto itself,
Might seem a rent cloud when it grates the thunder,

Compar'd unto the sounding of that lyre,
Wherewith the goodliest sapphire, that inlays
The floor of heav'n, was crown'd.

DANTE ALIGHIERI, THE DIVINE COMEDY,
PARADISE. CANTO XXIII. TRANS. H.F. CARY.

I-Ching, the Book of Transformations, the greatest repository of early thought and esoteric knowledge in China, several milennia old, tells us (in the *16th hexagram Yu*): *Music was destined [...] to build bridges to the world of the invisible.* All art forms, therefore, and above all poetry and music, actually involve visual perception, or rather clairvoyance, perception seeing right through people and objects, from phenomena in the visible world to what is invisible, imperceptible to the senses in time and space, the past and the future. It is a bridge connecting our earthly world of matter to the other, transcendental world of the Spirit, of hyperawareness. The

i

deeper the metaphysical emotions expressed, the further it is uplifted to these superior spheres. Conversely, the further it departs from its natural sources, the more it sooner or later fades and withers.

The more sensitive the artist, the more frequent his excursions into hyperawareness and the more inspired and demanding his language becomes. Poetry and music are the art forms through which transcendence is most readily attained. They are, as it were, a net in which the poet or the musician captures transient echoes from another dimension. Conversely, perhaps, the artist himself is a kind of live instrument or transmitter. This is in fact where the artist's tragic nature lies; few listeners are on his wavelength.

In his novella *A Death in Paris*, Richard Wagner expressed through the mouth of his hero his personal musical credo: *I believe in God, in Mozart, in Beethoven, in their pupils and apostles; I believe in the Holy Spirit and in the truth of art, one and indivisible; I believe that this art comes from God and lives in the hearts of all people enlightened by celestial radiance... The Spirit of the inspired artist*—he later wrote in his *Caprices esthétiques* —*hovers somewhere between heaven and hell... An all-powerful divine impulse, revealed only in cases of the direst need, is undoubtedly at work here, conveying celestial delight to human hearts ....* Cyril Scott writes: *Four months before his death, Brahms, for one, made the confession that when composing he felt himself to be inspired by a Power external to himself. Believing as he did in One Supreme Spirit, he maintained that only when the creative artist was receptive to that Spirit could he and did he write immortal works, and not otherwise.*[1] Arnold Schön-

---

[1] Cyril Scott. Music and its secret influence: throughout the ages. Rochester, *Inner Traditions International*; 5 edition (21 Feb. 2013) p. 27.

berg came to a similar conclusion: *Artistic creation occurs on impulse. Pure consciousness has little place here. One feels that everything one creates has been dictated. One could say that some dark force is at work, following some unknown laws.* Was it not the same mysterious voice in the wind that prompted the lines of Rainer Marie Rilke's *First Duino Elegy*? Is this not exactly what Arthur Rimbaud had in mind when he enquired *Am I someone else*?

Was it not in fact this *dark force* that inspired the great musical prophets Liszt, Wagner, Mussorgsky, Richard Strauss, even the apocalyptic visions of Scriabin, Rakhmaninov, Mahler and Schönberg, expressing the rise of dark powers and their unleashing in the final, darkest phase of the *Manvantara* cycle, *Kali-Yuga*, the culmination of which, according to Hinduism, belongs to our own tragic age? This prophetic property of music was admirably portrayed by Cyprian Norwid in the Epilogue to his *Promethidion*: *Ideas not yet appearing on the horizon sound from afar as the beating of wings like Aeolian harps… and this is what is meant by the prophecy of music ….* As Charles Baudelaire correctly remarked (*L'Art romantique*): *Beethoven began to stir up the worlds of melancholy and incurable despair that had gathered in man's internal sky.*[2]

Do not most musical masterpieces develop on the principle of an ascending line, an axis, a spiral, a scale —eternal symbols of the path leading to the kingdom of the Spirit? Were not poetry and music in their most exalted accomplishments bearers of the mysterious oration expressing the inexpressible, reflecting the other

---

[2] *Beethoven a commencé à remuer les mondes de mélancolie et de désespoir incurable amassés comme des nuages dans le ciel intérieur de l'homme.*

face of being? The achievements of Bach, Händel, Haydn, Mozart, Beethoven, Schubert, Chopin, Liszt, Wagner, Franck, Bruckner, Brahms, Mahler, Scriabin, Debussy, Fauré, Ravel, Messiaen, Penderecki, Górecki and Arvo Pärt are supreme in this domain.

A mystical, supernatural character was also ascribed to music by the great civilisations of the East—Egypt, China, Tibet, Persia and India. For the ancient Egyptians and Persians, music reflected phenomena of the cosmos, the harmony of the spheres, a concept also adopted by Ancient Greece (the School of Pythagoras) and in turn by medieval Europe. In India, in the epoch of the Veda, liturgical music was one of the three elements—alongside the written word and the dance—maintaining the equilibrium of the universe. Hence the deeply metaphysical significance of Eastern music, as it were filling the space between humanity and infinity, between humanity and God.

In poetry, restricted by its very nature to the written word, it is much more difficult to achieve a language of transcendence. Only a very few poets have succeeded in this, in moments of supreme inspiration and enlightenment: Dante, Milton, Blake, Hölderlin, Novalis, Hugo, Baudelaire, Hopkins, Trakl, Rilke, Oscar Milosz, Yeats and Eliot; in Polish poetry—Mickiewicz, Słowacki, Norwid, Miciński, Leśmian, Liebert and Baczyński. A transcendental language par excellence was developed by the poetry of the Near East and Far East. It is precisely here, where poetry becomes "dark", hermetic and enigmatic, self-confident and self-sufficient, that it reveals a tendency to transcend language, ultimately becoming a language in its own right, approaching music. For the mystery of music is one of the great enigmas which will always remain impenetrable, like the mystery of the world and of existence itself.

Then what of painting? Well, insofar as music is a kind of excursion, a return through sound to that same immutable mystical core of silence, stillness and tranquillity[3], which is at once the metaphysical centre of the world, its axis, the seat of light and of creative forces, painting is a similar journey, but through colour, as is poetry through the word. On this roundabout journey, music, painting and poetry emerge from their silence, to return to silence, but only after becoming an inexhaustible source of catharsis, purification by reviving immersion… The closed wheel of art. The cycle of the Absolute, in which man is united with God, time with eternity, the visible with the invisible, the earthly with the celestial. In this sense the most perfect, the most inventive "travellers" in painting, those who attained the very nub of the Mystery, were for example Fra Angelico, Leonardo da Vinci, El Greco, Georges de la Tour, Rembrandt, Le Lorrain, John Martin, Caspar Friedrich, Turner, Böcklin, Moreau, Rouault, Dali, De Chirico, Magritte, and today Gerard di Maccio; in Polish painting Jacek Malczewski, Zdisław Beksiński, Michał Józefowicz. Hence that unusual, mystical light which sometimes appears in their pictures like an echo of extraterrestrial music or a reflection of "that other" reality.

Stanisław Ignacy Witkiewicz predicted the decline of religion, art and philosophy, associated with the loss of metaphysical sentiment in modern societies under the influence of scientism and technology. Martin Heidegger expressed a similar opinion, following Hölderlin in at-

[3] The favour of this experience was accorded to Oscar V. de L. Milosz during the night of 14th December 1914.

tributing to poetry the highest cognitive capability; he saw in it a force capable of rescuing the world, releasing it from the deep crisis it was experiencing at the time. For his part, Hermann Broch warned that *if our knowledge of the irrational spirit, which is the beginning, the path and the goal of the logos, was lost and only bare rationalism remained, then at that point in time progress would be halted; devoid of humanism, it would lead to death and evil.* Witold Gombrowicz vehemently accused contemporary science of dehumanising the world, of depriving the human race of its humanity, and human reason of betraying humanity in its present form, leading it down a false path from which there is no return. More than a quarter of a century earlier he had predicted that *art would shortly have to rid itself of science and turn against it* and that *indeed art would one day be seen as our only friend and defender*[4]. He was not mistaken. In all spheres of art we are witnessing the birth of a new era which can be summed up in a word: romanticism. In the sense ascribed to it by Baudelaire—intimacy, spirituality, colourfulness, a craving for infinity. In defiance of science (and more precisely a certain dogmatic and pedantic form of it), which seeks at any cost to wrest from the world its mystery, in defiance of reason, which seeks at any cost (naive as that may be) to constrain, define and restrict it. The void created by the lack of metaphysics survived for too long. Is not art at the very root of the world and of humanity? Is it not the driving force behind all human endeavour, its vital element? If art is to live, it must return to its source. This means metaphysical romanticism.

---

[4] Diary 1957— 1961, Paris 1971, 225, 234.

In 1976, Christian Charrière wrote in *Le Figaro Littéraire*: ... *the analytical sense is replaced ever more frequently by analogical thinking, cold reasoning is supplanted by passionate reasoning, ideas are supplanted by symbols, linguistic delirium by audacious imagination. For only a lively imagination, revealing what was concealed, is capable of rendering the world more profound, unearthing buried myths and recovering from the watery depths the forgotten continent whose loss we lament.*

Meanwhile, as if to confirm these trends, in the precipitous, unpredictable evolution of the modern world something unexpected occurred; science itself came to the rescue of humankind, desolated by several centuries of atheism and materialism, itself returning to spiritualism, perceiving a divine presence in the infinity of the laws of the universe. This evolution of science had earlier been predicted by Teilhard de Chardin. Martin Heidegger also had such presentiments; speaking on 23rd September 1966 in an interview for the weekly *Der Spiegel*, he said: *only God can save us* and *the only thing we can do is cultivate in our poetry and in our thinking a receptiveness to the appearance of God.* All the indications are that, in the words of André Malraux, *either the 21st century will be a century of spirituality, or it will not exist at all.*

In this great transformation of human consciousness, music certainly played a leading role. For the first time, perhaps, thanks to the ubiquitousness of culture and contemporary media, music began to occupy such a prominent place in human life, rendering it receptive to transcendency. In the course of time this role will inevitably continue to grow in importance. The considerable world-wide interest and admiration aroused by the music of Henryk Mikołaj Górecki, John Tavener, Arvo Pärt and Paweł Lukaszewski, composers of the new spirituality movement, would appear to confirm this. Who knows, perhaps it will even succeed in spiritually transforming and rescuing humanity, as Scriabin wished.

It has been both the conscious and the subconscious intention of the author of the present volume to verify the above hypotheses. The work actually constitutes, as it were, a digressive philosophical poem comprising a chain of 64 links[5], a mystical quest for God through music, striving for the Absolute amidst the chaotic darkness of the world. Is not the claim of the Suffists true that

---

[5] This number, corresponding exactly to the number of hexagrams in the Book of Transformations, in which perpetual motion and dialectic interplay now oppose the dynamic Ying and Yang forces, now harmonise them, is not in any way random. Similarly as in Stèles by Victor Segalen, a masterpiece of French poetry forming a bridge between the spirituality of East and West, it expresses a set of key aspects of situations of existence between Heaven and Earth, spirit and matter, a complete image of the world. In an esoteric sense, it is the number of cosmic unity (4^3 or $6 + 4 = 10$, or the Tetraktis of Pythagoras, the holiest number, symbol of universal creation). Louis Claude de Saint-Martin (1743–1803), undoubtedly the greatest of the theosophists, writes in his treatise on numbers (Les Nombres) that it constitutes the complement of the circle of the eightfold, in which that powerful number, having traversed all the depths of the regions and existence of humanity, restores divine unity in the simplicity of its number where it had formerly been subdivided, restoring action where nothingness and death had reigned. We find it in various civilisations and religions: the 64 squares on the chessboard and the mandala, the 64 divisions of a musical note, the 64 virtues of the family of the mother of Buddha and the 64 devas in the celestial sphere of nothingness. In Hinduism it expresses the ultimate liberation which allows human existence to fully realise its individuality after the final, fourth cosmic karma cycle. It can also represent the natural forces acting in unison with the providential determination of the cosmos (cf. Dr René Allendy, *Le symbolisme des nombres*, Paris 1948). The most unusual case, however, is the analogy between the Book of Transformations and DNA, because the genetic language "dictionary" contains 64 "words" (codon triplets)!

music is the shortest path to awareness of God? It is by no means the intention of the present author to interpret or explicate the musical works, nor indeed to seek their equivalent in poetry; he believes such an attempt would be bound to fail. Music and poetry, although they undoubtedly have a common purpose, function through languages which are incommensurable. Nor has there been any attempt to "summarise" the particular philosophy of a given composer; it may not have anything in common with his actual music. The intention has been rather to capture the "message" which all great music is believed to embody, and of which the composer may frequently even be the unwitting mediator. This is indeed an equivocal message, but it is in the very nature of the world to be equivocal. It follows that these poems are an expression of the author's subjective sentiments and reflections, echoing the responses aroused in his soul by the respective musical compositions, manifested in the form of poetic meditation. Is music itself not in fact a kind of contemplation of the Eternal Enigma, expressed through sound, an enigma equivalent to Eternal Beauty?

Is it not given to us so that we may gain enlightenment, initiation, and the revelation of the Supreme Truths?

Paris, autumn, 1988
KRZYSZTOF ANDRZEJ JEŻEWSKI

MUSIC

Muzyką wieczne jest ducha wzdychanie...
Juliusz Słowacki

...w tonach myśl, jak grom w obłoku...
Cyprian Norwid

Są takie prawdy najwyższe i święte,
W krąg otoczone tajemnic krainą,
Które jakoby we dźwięki zaklęte,
Tylko melodią gdzieś — w bezmiary płyną!...
Bolesław Leśmian

The spirit's eternal sigh is music...
JULIUSZ SŁOWACKI

...in music dwell thoughts, as thunder in a cloud...
CYPRIAN NORWID

Sublime, holy truths are found
Encircled by lands of mystery
Magically becoming sound
Somewhere pure melody—they float towards infinity!...
BOLESŁAW LEŚMIAN

I. Muzyka

„*Gram. Jestem rycerz. Boga zamyślenie.*"
Krzysztof Kamil Baczyński

Bóg był samotny.
Smukłe drzewa ciszy
darzyły go już tylko
goryczami cienia.

Zmęczony był ogromem
i nieskończonością.
Znużony wiecznym ruchem
i wieczną przemianą.

I zapragnął wymknąć się
swojemu trwaniu,
zamarzył chwilę
swego przed-istnienia.

Ale jak umknąć
przed istotą swoją,
gdzie jednym źródłem biją
śmierć i zmartwychwstanie?

Jak wyjść poza siebie,
gdy wszystko jest sobą,
gdy nicość nie istnieje,
a byt jest złudzeniem?

I. Music

"I play. I am a knight. God's musing."
Krzysztof Kamil Baczyński

God was quite alone.
Slender trees of silence
now left him with
mere bitterness of shadows

He tired of vastness
and infinity.
Weary of perpetual motion,
and perpetual metamorphosis.

He sought release
from his own perpetuity,
craving the moment
of his pre-existence.

But how to escape
one's very being
when death and resurrection
spring from a sole source?

How to reach beyond oneself
when all is self,
when nothingness is non-existent,
existence illusory?

Smutek go owionął
bezszelestnym skrzydłem.
I stała się
muzyka:
Boga zamyślenie.

A wing of sadness
silently swathed him
And there was
music:
God's musing.

II. Palestrina, Stabat Mater

„Bo nie zginęło żadne utęsknienie
I żadna boleść nic przewiała marnie…"
Cyprian Norwid

Nie przepadną
nie zaginą
nie rozpadną się w proch
tamte drgnienia
serca
rozkwitłe ledwie
a już bezimienne zapomniane
płonące na dnie
milczenia
nie przepadną
zbiera je
troskliwie
Wielki Siewca
by ukwiecić
kobierzec niebieski
łąki wiekuiste
bezkresne
połoniny raju

II. Palestrina, Stabat Mater

"For no longing has been extinguished
And no pain has been transitory, futile…"
Cyprian Norwid

They shall not perish
nor shall they be lost
nor turn to dust
those tremors
of the heart
scarcely burgeoning
yet already
nameless forgotten
ardent
in their deep silence
they shall not perish
the Great Sower
tenderly
gathers them
to adorn
the celestial carpet
eternal meadows
boundless
pastures of paradise

III. ORLANDO DI LASSO, MOTETY

„Dzieci Boga noszą w oczach"
KRZYSZTOF KAMIL BACZYŃSKI

Jak to? Wciąż jeszcze nie wierzycie?
Spójrzcie na strugę światła
w której dziecko
brodzi
jak ważka
pośród kwiatu.
(Jeszcze nie dopłynęło,
nie przekroczyło,
jeszcze trwa
w tamtej
przejrzystości.)

To rzeka
która nie zna
brzegów
ani źródeł.
W jej toni czystej
Bóg się do was śmieje
i odpływa
na jasnym obłoku.

III. ORLANDO DI LASSO, MOTETS

"God is seen in the eyes of children"
KRZYSZTOF KAMIL BACZYŃSKI

Really? Still you do not believe?
See the stream of light
wherein a child
wades
like a dragonfly
within a flower.
(Still fording,
some way to go,
abiding
in that
limpidity.)

It is a river
knowing
no shores
nor springs.
In its clear depths
God smiles at you
and floats away
on a bright cloud.

IV. MONTEVERDI, ORFEUSZ

Powietrze i jego wysokie kolumny
strzeliste kampanile, wysmukłe gloriety
cyprysy podobłoczne, dale tajemnicze
łuki, krużganki, arkady, tarasy
widzialna niewidzialność
przejrzysta nieprzejrzystość
obecność nieważka
życiodajna
światło nieustanne
którym się oddycha

Vestiges du passé [Traces of the past]

IV. MONTEVERDI, L'ORFEO

Tall columns in the air
tapering spires, slender gloriettes
tall cypresses, the inscrutable beyond
arches, cloisters, arcades, terraces
visible invisibility
transparent opaqueness
tenuous presence
life-giving
permanent light
that you breathe

V. Corelli, Sonaty da chiesa

Powiedź nas w twój kościół biały
gdzie biali aniołowie
przędą białą ciszę

Powiedź nas w twe słońca złote
gdzie kłosy złotogłowe
śnią o złotym ziarnie

Powiedź nas w twych mórz błękity
gdzie błękitne zamyślenia
niosą błękit ukojenia

Barko niebieska
Ptaku wieczności
Gwiazdo otchłani

V. CORELLI, SONATE DA CHIESA

Lead us into your white church
where white angels
weave white silence

Lead us to your golden suns
where golden ears of wheat
dream of golden grain

Lead us to your azure seas
where azure musings
bear azure bliss

O celestial boat
O bird of eternity
O star of the abyss

VI. Purcell, Elegia na śmierć królowej Marii

Nawet gdyby nie było nic
tylko Wielka Pustka
i gwiazdy
wzniecone niebieskim wirem
gdyby to co żywe
było tylko przypadkiem
skrzywieniem
zbolałej materii
gdybyśmy
powstawszy z nicości
w nicość zapadli
zostanie po nas
wysoka
niebosiężna
muzyka
płomień Ducha
z dna gehenny
i uzdrowi świat

VI. Purcell, Elegy on the Death of Queen Mary

Even if there were nothing
only the Great Void
and the stars
stirred by celestial turmoil
if what is living
were just by chance
distortion
of wretched matter
if we
arisen from nothingness
sank into nothingness
we would leave behind
exalted
celestial
music
the flame of the Spirit
from the valley of Gehenna
to heal the world

VII. Vivaldi, Estro armonico

Wszystko jest muzyką.
Wszystko płynie dźwiękiem.
Wszędzie się wznoszą
muzyczne ogrody.
I światło śpiewa
strumieniami kwiatów.
I woda śpiewa
promieniami zorzy.
Wszystko jest muzyką.
Gest, kształt, ułamek spojrzenia.
I słowo pomyślane
I myśl wysłowiona.
I miłość. Miłość zwłaszcza.
Jej źródła, rzeki, oceany.
Jej jesień pełna bolesnego złota.
Wszystko jest muzyką.

VII. Vivaldi, Estro armonico

All is music.
All flows by sound.
Everywhere arise
musical gardens.
And light sings
in streams of flowers.
And water sings
in rays of dawn.
All is music.
Gesture, form, a fleeting glance.
A thought conceived
And a thought expressed.
And Love. Love especially.
Its springs, rivers, oceans.
Its autumn full of hurtful gold.
All is music.

VIII. Rameau, Les tendres plaintes

A może się mylimy?
Może wody odwiecznej Lety
wstecz płyną?
I tylko to co umarłe
jest żywe?
A przecież jej nurt porywisty
unosi nas coraz szybciej
i szybciej
oddala nieuchronnie
od pierwotnej Jedni
i tylko muzyka
tajemna nić Ariadny
odnajduje drogę
poprzez labirynt
i zawęźlenia czasu
ku wyspie zarania
ku ustroniu promiennej
ciszy
na morzu spokoju

Mroczny Demiurg
rozsadził świat
a my żyjemy
wśród jego
rozprysków

VIII. Rameau, Les tendres plaintes

Perhaps we are mistaken?
Perhaps the eternal Waters of Lethe
flow upstream?
And only what is dead
is alive?
Yet its boisterous current
bears us away faster
and faster
inevitably taking us further
from primeval Unity
and only music
Ariadne's mysterious thread
will find the way
through the labyrinth
and the entanglements of time
to the island of the dawn
to a radiant retreat
of silence
on a sea of calm

A Dark Demiurge
has shattered the world
and we live
amidst its
fragments

IX. Haendel, Mesjasz

Jam jest muzyka
jam ramię Prawoli
ja wznoszę do istnienia
światy, słońca, gwiazdy.
Ja rozwieszam przestrzenie
przetykane złotem
ja maluję przestworza
w niepojęte barwy.
Przeze mnie droga
w wiekuisty Pokój
przeze mnie droga
w lazurowe raje.
Jam rozum i myśl rodna
jam ład i pogoda
jam światło wieczne.
Przeze mnie stało się
co stać się miało
co w swoim bycie
cel jedyny mieści.
Jam przeznaczenie
jam nieuchronna
treść treści.
Ja wzniosłam Ur, Angkor i Teby.
Ja zetrę światy i zawieszę czas.
Jam jest muzyka
jam ramię Prawoli
ja nieprzenikniony, samoistny
Sens.

IX. Händel, The Messiah

I am music
I am the hand of Primal Will
I bring into being
worlds, suns, stars.
I spread an expanse
embroidered with gold
I paint the cosmos
in indescribable hues.
Through me leads the way
to eternal Peace
through me leads the way
to paradises of azure.
I am reason and fertile wit
I am harmony and serenity
I am the ever-burning light.
Through me came to be
what was to be
within its being
embracing its only goal.
I am destiny
I am the ineluctable
essence of the essence.
I built Ur, Angkor and Thebes,
I will erase worlds and suspend time.
I am music
I am the hand of Primal Will
I am impenetrable, spontaneous
Sense.

X. J.S. Bach, Msza h-moll

Kanon niepojętego ładu
struktury lekkie i nieodwołalne
napowietrzne konstrukcje
wszechświata
w nieustającym ruchu
wirujące
na osi
milczenia
ukojenie
światłość nocy
geometria ciszy
architektura Ducha
nieskończenie małe
w nieskończenie wielkim
nieskończenie wielkie
w nieskończenie małym
człowiek w Bogu
Bóg w człowieku
otchłań doskonałości
otchłań prawdy
prawda otchłani
muzyka
droga jedyna
co wiedzie
na próg
tajemnicy

L'énigme de la porte [The enigma of the gateway]

X. J.S. Bach, Mass in B minor

A canon of unimaginable harmony
structures light and immutable
aerial constructs
of the cosmos
in perpetual motion
gyrating
on the axis
of silence
consolation
the holy splendour of night
the geometry of silence
the architecture of the Spirit
the infinitely small
in the infinitely great
the infinitely great
in the infinitely small
the human in God
God in the human
the chasm of perfection
the chasm of truth
the truth of the chasm
music
the only road
leading
to the threshold
of mystery

XI. D. Scarlatti, Sonaty

Tylko tyle
tylko chwilę
dusze nasze
jak motyle
w locie spiesznym
bez oddechu
zabłąkane
w lesie świata
trzepotliwe
zalęknione
zatrzymują się
na kwiatach
odlatują
przemijają
aby zniknąć gdzieś
w zaświatach

XI. D. Scarlatti, Sonatas

For a moment
no more
our souls
like butterflies
swiftly flying
don't breathe
astray
in the forest of the world
flutter
afraid
alighting
on flowers
flying away
fleeting
vanishing somewhere
in the beyond

XII. Haydn, Pory roku

Oto wraca do Ciebie, Panie
byt wszelki
który zaprzepaściłeś na łąkach
istnienia
Oto wraca do Ciebie
twoja rozprysła Istota
którą boli rozstanie

Jak pszczoły brzemienne nektarem
po dniu ciernistym i znojnym
wracają do Ciebie
mgławice i drogi mleczne
trzody gwiazd i słońc
rzeki i oceany
zwierzęta i minerały
drzewa, krzewy, porosty
wraca do Ciebie
człowiek

I każdy śpiew swój niesie
po stopniach stworzenia
abyś mógł złożyć na nowo
scalić
ocalić
pieśń swoją

Bo Ty jesteś Pieśnią

XII. HAYDN, THE SEASONS

To you, Lord, now returns
all the life
you dissipated on the lea
of existence.
To you now returns
your dispelled essence
anguished by separation

Like bees heavy with nectar
after a day's punishing toil
nebulae and galaxies
flocks of stars and suns
rivers and oceans
creatures and minerals
trees, bushes, lichen
return to you;
humans
return to you

All bring their songs
of the stages of creation
so you can restore
heal
recover
your own song

For you are The Song

XIII. Mozart, Koncert fort. nr 23 K. 488

Spójrz tylko co zrobiłeś!
Oto dzban w którym Bóg
zamknął światło
leży rozbity
ścieżka urywa się
dalej już tylko jasność
potop słoneczny
skały zatracenia
Górą płyną obłoki
nieśpieszne anioły
z gałązką oliwną w dłoni
o uśmiechu co smaga źrenicę
i oślepia

Nigdy nic nie było
nigdy nic się nie stało
tylko blask dnieje
światłość dziewicza
bezmiar pogody
w której błądzimy
cienie podziemi

XIII. Mozart, Piano Concerto No. 23 K. 488

Just see what you have made!
Here is the pot in which God
enclosed the light
it lies shattered
the path ends
beyond is only brightness
a solar flood
rocks of perdition
Clouds swirl round the mountain
nonchalant angels
bearing olive branches
smiles that dazzle
and blind

Nothing ever was
nothing ever happened
only dawning radiance
virginal splendour
boundless serenity
in which we blunder
shadows of the nether world

XIV. Beethoven, V Symfonia

Wbrew handlarzom Słowa
tym którzy depczą Słowo
potwarcom kłamcom fałszerzom
czcicielom glinianych idoli
wbrew hydrom mitów
myśli co jest rakiem myśli
pustym skorupom formy
i pustce serc
wbrew piekłu pozorów
tym co krzewią ślepotę
katom i sługom katów
wbrew siewcom strachu
wbrew wszelkim kajdanom Ducha
wbrew siepaczom śmierci

Aby człowiek
odzyskał na nowo
odwagę
całą odwagę
aby odnalazł
siłę swojej siły
aby przekroczył siebie
aby mógł znów udźwignąć
PRAWDĘ
cały ciężar
ŚWIATŁA

XIV. Beethoven, 5th Symphony

Despite merchants of the Word
those that trample on the Word
slanderers liars forgers
worshippers of clay idols
despite mythological hydras
thought that is a cancer of thought
empty shells of form
and emptiness of hearts
despite infernal false appearances
those who propagate blindness
executioners and their servants
despite the sowers of fear
despite all manacles of the Spirit
despite the henchmen of death

May humankind
regain
its courage
all its courage
and retrieve
its inner strength
to transcend itself
the strength to raise up again
THE TRUTH
the whole burden of
THE LIGHT

XV. SCHUBERT, IMPROMPTUS

„Wszystko, co widzialne, wynika z Niewidzialnego,
Słyszalne z Niesłyszalnego,
Dotykalne z Niedotykalnego,
1 być może to, co pojmowalne, z Niepojętego."
NOVALIS

Cień skrywa rzeczy.
Trwają w stronie zmierzchu
jak w nocy drzewa
przeczucie owocu.
Jak prawda,
co nigdy nie jest tam,
gdzie dnieje,
jak gwiazdy
co nie tam są, gdzie świecą.

Cień skrywa rzeczy.
Ledwie kształt ich
chwiejny
przez mgłę pozorów
do oka dociera.
Lecz co jest z tamtej strony?
Bo w nagłej poświacie
ich byt dwoisty
czasem się objawia.
Znikliwy, nieuchwytny.

XV. Schubert, Impromptus

"Everything visible is inseparable from the invisible,
the audible from the inaudible,
the tangible from the intangible,
and perhaps the thinkable from the unthinkable."
Novalis

Shadows conceal things.
They stay on the dark side
in the night of the tree
presentiment of fruit.
Like truth
that is never
where it dawns,
like stars
that are not where they shine.

Shadows conceal things.
Their form scarcely
waveringly
through the mist of appearances
reaches the eye.
But what is on the other side?
For in the sudden glare
their dual essence
is sometimes revealed.
Ephemeral, elusive.

Rzecz wszelka jest nutą:
to uprzestrzennienie
innej, nie objętej
naocznym wymiarem:

Tej co mieści śpiew pierwszy,
co jest śpiewem śpiewu.

To tylko zewnętrzność.
Naczynie pośrednie,
co będzie popiołem,
gdy przetrwa
blask milczący,
jądro promieniste.

Every object is a note;
it is the spatialisation
of another, undefined
by any evident dimension:

Of the one containing the first song,
that is the song of the song.

That is mere outward form.
A mediating vessel,
that will become dust,
while the silent radiance
survives,
the radiant core.

XVI. Berlioz, Romeo i Julia

Ten okręt, żagle spienione,
rozbryzgi fal, kipiące otchłanie,
bez kotwicy, bez cum, na oślep,
w ciemności, w wichurze,
(brzegi porzucone, strzępiaste,
rafy, wyspy dzieciństwa,
słońca bezpowrotne utopione we krwi
daremnej ofiary)
ten okręt, co w samą głąb siebie,
do wewnątrz, wbrew sobie płynie,
po przeciwwagę wioseł, drugie dno mocy,
skrzydła, co będą uskrzydleniem skrzydeł,
czyż nie czarniejsze czeluście
odkrywa,
wiry, kłębowiska, matnie,
niż noc przepastna, która go otacza?

XVI. Berlioz, Romeo and Juliet

The ship, sails filled out,
waves breaking, churning chasms,
no anchor, no hawser, blindly,
in the dark, in the gale,
(the shores deserted, jagged,
reefs, islands of one's childhood,
suns irrevocably drowned in blood,
futile casualties)
as the ship proceeds deep into itself,
inwards, counter to itself,
seeking the counterweight of its oars,
the second power source,
wings that will lend wings to wings,
does it not reveal abysses,
whirlpools, vortices, traps,
darker than the deep gulf
of the surrounding night?

XVII. CHOPIN, ETIUDA A-MOLL OP. 25 NR II

„Widzenie na jawie ognia ogromnego nad głową —
kopuły niby niebios całych ogniami napełnionej — tak,
że w okropnym przestrachu mówiłem: Boże Ojców moich
— zmiłuj się nade mną — i niby z chęcią widzenia
Chrystusa przeszywałem wzrokiem te ognie, które się
odsłaniały — i coś niby miesiąc biały ukazało się w
górze — nic więcej...."
J. SŁOWACKI „RAPTULARZ" 20/21 KWIETNIA 1845

Ogień. Tylko ogień.
Wszystko z ognia powstało
i w ogień powraca.
Róża, słońce, krew, miłość
to tylko imiona
jakie przyobleka
nieustający Płomień.
To on jest blaskiem drzewa
na równinie bólu
on wznosi biel
śniegów
aż po śpiew aniołów
on aż po przejrzystość
przepala strumienie
on jest sercem
przemienionej
nocy.

XVII. Chopin, Étude A Minor Op. 25 no. 11

*"A waking vision of a huge fire overhead—a dome
resembling the entire heavens filled with fire—so that in
my great fear I said: 'God of my fathers—have mercy on
me'—and as though desiring to view Christ I transfixed
these fires with my gaze, and they retreated—then what
looked like a white moon appeared above—nothing
more...."*
J. Słowacki 'Journal' 20/21 April 1845

Fire. Only fire.
All things arose from fire
and to fire they return.
A rose, the sun, blood, love
these are but names
clothed by
the perpetual Flame.
It is the very sheen of a tree
in the lowlands of pain
it rouses the whiteness
of the snows
to the song of angels
it burns the torrents
rendering them limpid
it is the heart
of the transformed
night.

Ogień. Tylko ogień.
Wszystko z ognia powstało
i w ogień powraca.

Fire. Only fire.
All things arose from fire
and to fire they return.

XVIII. SCHUMANN, FANTAZJA C-DUR

KRZYSZTOFOWI LIPCE

Pokój rozdartym
pokój szalonym
pokój pragnącym i nienasyconym
tym co za sobą zburzyli mosty
i tym których osacza wciąż nowy labirynt

Pokój wzgardzonym, wątpiącym, oślepłym
porzuconym na samym dnie zbrodni
pokój tym których wciąga przepaść
i przepaściom które własna otchłań dławi

Pokój tym którzy WIEDZĄ
których trawi ogień
Pokój burzom, wichrom i odmętom
Pokój ruinom i popiołom

Bo nie wstanie z prochu to co nie umarło

XVIII. SCHUMANN, FANTASY IN C MAJOR
To KRZYSZTOF LIPKA

Peace to the distressed
peace to the insane
peace to the desirous and the unfulfilled
to those who have burnt their bridges
and those constantly hemmed in a labyrinth

Peace to the scorned, the doubters, the unseeing
those cast into the depths of iniquity
peace to those drawn into the abyss
and to precipices choked by their own chasms

Peace to those who KNOW
consumed by fire
Peace to storms, gales and confusion
Peace to ruins and ashes

For what has not died will not rise from the ashes

XIX. Liszt, Sonata h-moll

Katedry
katedry
strzeliste katedry mroku
czarne kryształy
ciemności
popieliska modlitw
schodzenie
zstępowanie
w coraz niższe kręgi
coraz mroczniejsze otchłanie
aż do jądra nocy
do gniazda żywiołów
aby przejrzeć
odzyskać wzrok
źrenicę źrenicy
oko oka
ślepotę ślepoty
by dotrzeć
aż po żar niewygasły
po nowy zaczątek
po samą
nieprzeniknioną
przyczynę
Światła

XIX. Liszt, Sonata in B minor

Cathedrals
cathedrals
soaring cathedrals of gloom
black crystals
of darkness
ashes of prayers
descent
into ever lower circles
below
ever darker chasms
reaching the crux of the night
the seat of the elements
to open the eyes
regain vision
the pupil of the pupil
the eye of the eye
blindness of blindness
to reach
inextinguishable embers
a new beginning
the utterly
inscrutable
cause
of Light

XX. WAGNER, ŚMIERĆ IZOLDY

Oto noc Ducha
w pustyni gwiazd
Oto noc przepaścista
bez dna
która zrodzi Ogień:

Oto zrywa się wir
nienazwanej pożogi
słup ognisty
stos
gdzie będziemy płonąć
wśród czystych płomieni
aż opadną więzy
aż przestanie ciążyć
aż stopi się
ruda ciała
aż zgorzeje
ziemska powłoka
aż wzleci
ku wysokościom
biała gołębica
w niewiadome
sfery niepojęte
troistej
niepodzielnej
Tajemnicy

XX. WAGNER, THE DEATH OF ISOLDE

Here is the night of the Spirit
in the wilderness of stars
Here is the cavernous night
the abyss
that will beget the Fire

Here arises a vortex
a nameless conflagration
a pillar of flame
the pyre
where we will burn
amid pure flames
until the fetters fall away
until burdens cease
until
the body's ore
melts
until the earth's crust
is consumed
until the white dove
flies up
on high
into the unknown
unknowable spheres
of the triple
indivisible
Mystery

XXI. VERDI, SIMONE BOCANEGRA

Nic co rzeczywiste.
Zwierciadło. Kręgi
zwierciadła, które w ręku
dwoistego Boga.
Wokół nas drżące ogrody,
które wiatr ustawia,
wzgórza kwitnące,
ale nieuchwytne,
ruczaje niosące odblask
niezaznanych świtów.

Zwierciadło. To z mroku
to ze światła.
Z burzy i z pogody.
Wieczyste wahadło
przeciwstawnych fal.
By nie ustawał Ruch
przemiennych przestworzy,
by przetrwał niespożyty,
nieobjęty Pęd.

Le règne [Dominion]

XXI. Verdi, Simone Bocanegra

Nothing that is real.
A mirror. Circles
of a mirror in the hand
of the equivocal God.
Around us quivering gardens,
formed by the wind,
hillsides flourishing,
but intangible,
reflections in brooks
of never experienced dawns.

A mirror. Now of darkness
now of light.
Of storm and of serenity.
The eternal pendulum
of opposing waves.
Maintaining the motion
of alternating infinities,
maintaining the indestructible,
incalculable Impetus.

XXII. Franck, Preludium, chorał i fuga

Labirynt, to prawda. Ale przezroczysty.
Noc, zaiste. Jako zasiew dnia.
Otchłań, nie inaczej. Ale jądro z blasku.
Grań, ale ta co ponad szczyty pnie się.

Ból, to prawda. Lecz z czystego kruszcu.
Ogień. Lecz ten co przekuwa w siłę.
Cisza, istotnie. Ale śpiewna treścią.
Śmierć: droga co ku Światłu wiedzie.

XXII. FRANCK, PRELUDE, CHORAL AND FUGUE

A labyrinth, it's true. But transparent.
Night, indeed. To sow the day.
A chasm, what else. But brilliant therein.
A ridge, but one that rises above the peaks.

Pain, it's true. But of pure ore.
Fire. But from it power is forged.
Silence, indeed. But with melody.
Death: the road that leads to the Light.

XXIII. Bruckner, IV Symfonia

Nieskończona jest moc
Pana Zastępów.
Nieskończony ogień nią włada.
Ten co wskazuje drogę
atomom i gwiazdom.
Co zapala słońca i wygasza czas.
Ale nawet ona się łamie
kiedy Pan pragnie zgłębić swą Istotę:
On, który jest światłością
tylko mrok napotyka noc wiekuistą
i jak rzeka ogromna
wstrzymana w swym biegu
szaleje, burzy się, zmaga
stwarza światy
i ciska je w otchłań
na pastwę swego bólu
w odmęt swej niemocy
w samotne zatracenie
gdzie bezsens i trwoga
gdzie zgliszcza krwawe
i tylko śmierć zapala
ostatnią zorzę

Ale Tajemnica trwa —
nienaruszona.

XXIII. Bruckner, 4th Symphony

Infinite is the might
of the Lord of Hosts.
Wielded by infinite fire.
Guiding atoms and stars
on their way.
Kindling the sun and extinguishing time.
And yet it is breached
when the Lord desires to fathom his Nature:
He the holy splendour
encounters only darkness eternal night
and like a great river
obstructed in its course
rages, seethes, struggles
creating worlds
hurling them into the abyss
to assuage his pain
into the chaos of his impotence
into the solitary doom
of absurdity and anguish
of blood-soaked ruins
and only death lights up
the last dawn

But the Mystery endures—
undisturbed.

XXIV. Borodin, II Symfonia

Historia
Koło historii
Samsara dwunastopromienna
Przypływy i odpływy
historii
Zaczajenia się
skoki
historii
Galop historii
Triumfalny pochód
historii
Groza
nieuchronność
historii
Szaleństwo historii
Bezdroża manowce historii
Pustynie historii
Zapomnienie historii
Śmiech historii

XXIV. Borodin, 2nd Symphony

History
The wheel of history
the twelve rays of *Samsara*
The ebb and flow
of history
The ambushes
the leaps
of history
Galloping history
The triumphal march
of history
The horror
the inevitability
of history
The folly of history
The dead ends waste land of history
The deserts of history
The oblivion of history
The mockery of history

XXV. Brahms, IV Symfonia

Las kryształowy
wysokie drzewa
światło zakrzepłe
ścięta przejrzystość

Ołtarz wzniesiony
wyżej i ponad
przetrwa w pożodze
mocny i czysty

Bo przetrwać znaczy
budować z prochu
tworzyć z nicości
ognia i żaru

By wzrósł w potęgę
las kryształowy
kłoniąc swą głowę
pod stopy Boga

XXV. Brahms, 4th Symphony

The forest of crystal
towering trees
light congealed
frosted transparency

An altar raised up
higher and above
will survive conflagration
powerful and pure

For survival means
building from dust
creating from the nothingness
of fire and flame

To grow mighty
the crystal forest
bowing its head
at the feet of God

XXVI. Musorgski, Pieśni i tańce śmierci

„Zabijanie jest formą naszej wędrownej żałoby…"
Rainer Maria Rilke

Lęk
strach
przerażenie
nicość
trwoga nicości
bojaźń pustki
otchłani
która szarpie trzewia
i przewierca mózg
bestia wielogłowa
poczwarna
na pajęczych nogach
którą syci
ukaja
tylko widok truchła
zewłok stargany

Czarne płomienie
którymi żywią się
słońca i raje

XXVI. Mussorgsky, Songs and Dances of Death

"Killing is a manifestation of our restless grieving…"
Rainer Maria Rilke Sonett IIB

Dread
fear
terror
nothingness
anguish of nothingness
fear of the abysmal
void
gnawing at the gut
piercing the brain
a many-headed monstrous
beast
on spider's legs
satiated
appeased
only on sighting a corpse
mangled remains

Black flames
nourishing
suns and nirvanas

XXVII. Czajkowski, VI Symfonia

Niemożliwość życia
niemożliwość śmierci
niemożliwość dnia
niemożliwość nocy
odejścia i pozostania
krzyku i milczenia
echo tylko
odpowiedź jedyna
niemożliwość twarzy
niemożliwość słowa
niemożliwość niemożliwości

XXVII. CHAIKOVSKY, 6TH SYMPHONY

The impossibility of life
the impossibility of death
the impossibility of day
the impossibility of night
of departing and remaining
of crying out and muteness
just an echo
the only response
the impossibility of a face
the impossibility of a word
the impossibility of impossibility

XXVIII. Grieg, Utwory liryczne

Królestwo ziemskie nie jest z tego świata.
Zewsząd nam o tym mówi bezgłośna muzyka:
lasów wysokie milczenia
jezior zapatrzenie
łanów akty strzeliste
w sanktuarium zmierzchu.

Królestwo ziemskie nic jest z tego świata.
Zawsze niepojęta będzie jego mowa.
I noc będzie rosła z każdym naszym krokiem.
I każdy dzień nowy oślepi nas blaskiem.
I tylko śniegi będą wokoło te same,
Śniegi ciche i czyste. Przesłanie przestworzy.
Zewsząd nam o tym mówi bezgłośna muzyka.

Królestwo ziemskie nie jest z tego świata.

XXVIII. Grieg, Lyrical Works

The earthly kingdom is not of this world.
Voiceless music from all parts tells us so:
the lofty silence of the forests
intently gazing lakes
impassioned orisons of meadows
in the sanctuary of the twilight.

The earthly kingdom is not of this world.
Its speech will forever be unknowable.
The night will grow at our every step.
Each new day's brilliance will blind us.
Only the snows around us remaining the same.
Quiet, pure snows. A message from the cosmos.
Voiceless music from all parts tells us so.

The earthly kingdom is not of this world.

XXIX. Faure, Nokturny

Ten kielich pełen śmierci.
Jakie zimne toczy wkoło blaski!
Nie otwieraj okien. Tak będzie lepiej.
Zapamiętać. Tylko to. Zapamiętać.
Twoje oczy giną jak motyle.
Zmierzcha się. Bluszcz kamienny głowy nam oplata.

Pijmy więc! Czyż jest słodszy nektar?
Jak piękne są kwiaty na grobie, gdy więdną!
Patrz, liście w ogrodzie smutny taniec kończą.
Mgła podchodzi pod okno, jakiś znak nam daje.
Płaczesz? Nie trzeba. To tylko,
Co przemija, jest naszym udziałem.
Reszta jest w ręku Boga. I Bóg nam zazdrości.

XXIX. Fauré, Nocturnes

This chalice charged with death.
How cold its lustre!
Open no windows. Better not.
Remember. That's all. Remember.
Your eyes perish like butterflies.
Dusk falls. Ivy of marble entwines our heads.

So let us drink! Is there any sweeter nectar?
How fine are flowers on a grave when they fade!
See, the leaves in the garden end their sad dance.
The mist nears our window, this is a sign.
You weep? No need.
Transitoriness is our lot.
The rest is in the hands of God. And God envies us.

XXX. Janáček, We mgłach

Aby opisać lot ptaka
lub zapach zimowego świtu
w górskiej dolinie
Aby wysłowić oddech brzoskwiniowych
sadów w gorączce kwitnienia
Aby wyrazić łąki gdzie mgła
jak całun snu
albo ciszę jezior
Aby streścić rosnący las
lub zarzewie młodzieńczego słońca
Aby wypowiedzieć
strumienie —

Ślad człowieka
w stworzeniu
muzyka

XXX. Janáček, In the Mists

Describing the flight of a bird
or the fragrance of a wintry dawn
in a mountain valley
Conveying the breath of peach trees
in the sultriness of their blossoming
Portraying sleepy meadows
shrouded in mist
or the silence of lakes
The nature of growing forests
the embers of the rising sun
Or a stream —

A human trace
in creation
music

XXXI. Albéniz, Iberia

Czemu na wygnanie skazujesz nas, Panie,
czemu każesz porzucać te ziemskie ogrody,
tam chłód przestworzy, tam zimne otchłanie,
tam nieskończone, nieobjęte wody.

Pozwól nam tu pozostać przy stole z żywymi,
poić się ich ciepłem i żywić dobrocią,
słuchać muzyki zmierzchu, kiedy księżyc płynie,
i dzwoneczków głosów chłopięcych o świcie.

Czemu nam odbierasz garść płynnego złota,
którą pszenice twoje co dzień ku nam wioną?
Wszak nic nie jest nasze, my cieni biedota,
jedynym rajem dla nas owa ziemska strona.

Le ravin hanté [The haunted ravine]

XXXI. Albéniz, Iberia

Why do you condemn us to banishment, Lord,
why do you order us to abandon those earthly gardens,
for chilly expanses, the cold abyss,
and boundless, infinite waters.

Permit us to stay here at the table with the living,
to enjoy their warmth and thrive on their goodness,
listen to the music of the dusk, as the moon is drifting,
and young boys' voices ringing out at dawn.

Why do you take from us the handful of liquid gold,
wafted daily to us by your wheat?
We needy are in the shadows, nothing is our own,
our only paradise is this earthly domain.

XXXII. MAHLER, X SYMFONIA

Pałace Boga
nie są z szafirowych cieni
ametystowych sklepień
nie dźwigają w nich kolumny blasku
nie wiodą do nich schody z chryzalitu
ni bramy ze złota
ni dziewięć sfer
anielskich chórów

Pałace Boga
uświetnia nieobecność
Czasem tylko
Bóg jawi się
wybranym
kiedy dosiadłszy trzmiela
cwałuje
od kwiatu do kwiatu
w zacisznej dolinie
lub bawi się w chowanego
ze słońcem
pod wieczór
wśród grobów
wiejskiego cmentarza
albo rozpościera się tęczą
w niedopitej szklance
na stole
w brudnej oberży
niekiedy

XXXII. Mahler, 10th Symphony

God's palaces
are no shadows of sapphire
no vaults of amethyst
no brilliant columns loom
no chrysolite steps lead there
nor golden gateways
nor the nine spheres
of angelic choirs

God's palaces
are conspicuous by their absence
Just now and then
God appears
to the chosen
when astride a bumble-bee
he flits rapidly
from flower to flower
in a secluded valley
or plays hide and seek
with the early evening
sun
among the gravestones
of a village churchyard
or unfolds as a rainbow
in a half-full glass
on a table
in a grubby tavern
sometimes

w pustym sadzie
gdy przekwitają jabłonie
słychać echo
jego kroków

Pałace Boga
bywają z gliny i błota
kurzu i żelaznego złomu
próchna i zbutwiałych liści
ale najczęściej
są z krwi i żółci
i łez

Wznoszą się wtedy ogromne
i niebotyczne
wypełniając świat

in a deserted orchard
as apple trees lose their blossom
the echo is heard
of his footsteps

God's palaces
may be of clay and mud
dust and old iron
rotten wood and dead leaves
but mostly
they are of blood and bile
and tears

Then they loom colossal
sky-high
permeating the world

XXXIII. Debussy, Preludia
Mojej żonie

Woda
sen czysty
sen przejrzysty
ciało bez ciała
żywe przemijanie
istota sama
wolna od swego
kształtu
nieskończona możliwość
swoboda przezroczysta
co igra
z fletem światła
o najpiękniejsza
o niezrównana
w prostocie
pokorna i czuła
jak zmierzch
woda-kobieta
woda-matka
mądrość i miara
pokój i światłość
o szlachetna
i szczodrobliwa
a przecież
nieodwracalna

XXXIII. DEBUSSY, PRÉLUDE

TO MY WIFE

Water
a pure dream
a limpid dream
a body disembodied
living transience
pure being
free of its
form
an infinite possibility
transparent freedom
that plays
a flute of light
o most beautiful one
o unequalled one
simply
humble and loving
like the dusk
water-woman
water-mother
wisdom and moderation
peace, holy splendour
o noble one
generous too
and yet
immutable

Bo woda
to także ogień wody
deszcz ognisty
ziarno zmartwychwstania
żywioł święty
żywioł pierwszy
życiorodny
nad którym Duch Boży
ulata

For water
is also fire water
rain of fire
the grain of resurrection
the holy element
the prime element
life-giving
above which the Holy Spirit
soars

XXXIV. R. Strauss, Tako rzecze Zaratustra

„Człowiek to zjawisko na skalę kosmiczną."
Teilhard de Chardin

Otwarcie. Otwarcie przestrzeni.
Przestwór jak piersi Boga.
Oddychanie Stwórcy.

Oto rodzi się wicher Mocy
wstaje z dna wszechświata
niezmożony huragan
rośnie wszechobecne tchnienie
aby związać dwie nieskończoności
aby zbratać przeciwległe bieguny
aby pojednać niepojednane
aby wznieść most nad otchłanią
aby nadać kształt
wiekuistej Myśli:
aby powstał
CZŁOWIEK

XXXIV. R. Strauss, Thus spake Zarathustra

"Man is a phenomenon on a cosmic scale."
Teilhard de Chardin

The dawning. The dawning of cosmic space.
An expanse like the divine breast.
The respiration of the Creator.

This is the birth of a whirlwind of Might
arising from the depths of the universe
an invincible hurricane
a universal breath of wind expanding
to join two infinities
to unite two opposite poles
to reconcile the irreconcilable
to throw a bridge over a chasm
to give form
to timeless Thought:
to bring into being
HUMANITY

XXXV. Nielsen, V Symfonia

Nieprawda że tylko
piasek tępy pod stopą
i słońce zuchwałe
że przestrzeń tylko
zachłanna
że czas który drąży
i drąży
nieprawda że tylko
wiatr

O każdą piędź ducha
co dzień
co chwila
toczy się walka

Każdy jest stawką
o którą zmaga się
Anioł Blasku
z Aniołem Nocy

XXXV. Nielsen, 5th Symphony

Untrue that there is only
dull sand underfoot
and the sun is impudent
that space is only
rapacious
that time torments
and torments
untrue that there's only
the wind

The struggle goes on
every day
every moment
for each snatch of spirit

Everyone has a value
fought over
by the Angel of Brilliance
and the Angel of Night

XXXVI. Sibelius, VII Symfonia

Oceany
morza przeczyste
kryształy wód szafirowe
śniegi chwały
na turniach samotnych
śniegi żałoby
równiny nagie i puste
doliny żalu
fiordy zapomnienia
lasy smutkiem spowite
lasy westchnień
rzeki
rzeki żarliwe

Krajobrazy tęsknoty
nieskończonej jak czas
jak przestwór
i ból
odwiecznej tęsknoty
świata
nostalgii stworzenia
co szuka
wypatruje
dąży
do swojego
źródła

XXXVI. Sibelius, 7th Symphony

Oceans
seas so pure
sapphire-blue crystal waters
glorious snows
on lonely peaks
snows of mourning
plains bare and deserted
valleys of sorrow
fjords of oblivion
forests shrouded in sadness
forests of sighs
rivers
fervent rivers

Landscapes of nostalgia
infinite as time
as cosmic space
and the pain
of the eternal nostalgia
of the world
of the nostalgia of creation
alert
seeking
striving
for its
roots

XXXVII. SATIE, GYMNOPÉDIES

Jak to co się wzbija —
drzewo, ptak, słońce
jak to co szybuje —
liście, gwiazdy, obłoki
jak to co rozkwita —
kwiat, źródło, muzyka
jak to co milczy —
bezmiar, czas, atom
jak to co pragnie —
strumień, ziemia, człowiek

Prostota świata

XXXVII. Satie, Gymnopédies

They that arise —
a tree, a bird, the sun
they that glide —
leaves, stars, clouds
they that flourish —
a flower, a spring, music
they that are silent —
vastness, time, an atom
they that have desires —
a brook, the earth, the human race

The spontaneity of the world

XXXVIII. Skriabin, Poemat symf. Ekstaza

Wiem: zmierzch kryje zbrodnię,
gdy drzewa stoją oniemiałe w mroku,
a trawy wstrzymują oddech.

Wiem: zenit nocy i zenit dnia,
morze zastygłe, step objęty pożogą,
cwał czarnych rumaków na nieboskłonie,
spokój łąk rozkwitłych asfodeli,
a także śniegi dziewicze na szczytach,
gaje cieniste, skały krwią zbryzgane,
wszystko jest w zmowie.

Widzę: czas ognia nadchodzi,
całe stulecie ognia, lawiny płomieni,
nawałnice żaru.
Przed nami góra ognista:
ostatni szczyt
i ostatnia droga.

XXXVIII. Scriabin, The Poem of Ecstasy

I know: twilight conceals a crime,
as trees stand dumbfounded in the gloom,
while the grass holds its breath.

I know: the depths of night and high noon
the frozen sea, steppes consumed by fire,
cantering black steeds on the horizon,
the calm in fields of lilies in bloom,
also the virgin snows on the peaks,
shady groves, crags spattered with blood,
everything is in collusion.

I see: the time of fire approaches,
an entire century of fire, avalanches of flames,
the onslaught of heat:
Before us a mountain of fire:
the last summit
and the last road.

XXXIX. Rachmaninow, Preludia

A kiedy opadła zasłona mgławic
Anioł Czarny
ukazał mi czeluść:
—Tu przepadają bytu rzeki rwące,
tu wszystko ginie szaloną kaskadą,
tu łączy się co odległe
i różni tożsame,
tu dzień z nocą czynią gody,
i wszystko się staje odwrotnością swoją,
tu zabójca łączy się z ofiarą
wiecznym uściskiem żałoby,
a krew przelana i krew okrucieństwa
jednym nurtem w przymierzu podąża.
Tu miłość znaczy zbrodnia.
Tu wszystko w Zar zstępuje,
do jądra płomieni.
Tu wszystko zetrze nieuchronna ręka.
Tu nie ma zbawienia.
Nic nie ocaleje.
Wszystko wypali wiekuista lawa.

XXXIX. RACHMANINOV, PRELUDES

When the veil of haze fell away
A Black Angel
showed me the abyss
— Here raging rivers of existence run dry,
everything perishes, insanely cascading,
here what is remote comes near
identical becomes distinct
here day and night are paired,
everything now its converse,
here the murderer joins his victim
in an eternal embrace of mourning,
and blood spilled with blood of cruelty
flows in a joint covenant.
Here love and iniquity are one.
Here all descends into the Inferno,
into the eye of the flame.
An ineluctable hand removes all.
No salvation is here.
Nothing survives.
Eternal lava consuming all.

XL. Schonberg, Verklärte Nacht

Ogród ciemny. O, żniwo Przemiany!
Powoli schodzą drzewa
w krwawiący zmierzch.
Oto nadchodzi mroczniejący Bóg.
Wicher przegania stada czarnych
łabędzi. Broczą rany niebios.
Noc dobywa sztyletów, jadów, nienawiści.
Woda zrzuca łuskę z kryształu
i sięga swego dna, aż po jądro mętne.
Trąd toczy marmur.
W wądołach i jarach więźnie
ropiejące światło.
Wschodzi zatruta Hostia.

Oto czas Czarnej Ofiary.

La Trinité [The Trinity]

XL. Schönberg, Transfigured Night

Sombre garden. O harvest of Change!
Slowly the trees descend
into the bleeding dusk.
Now God approaches, darkening.
The storm drives on a flock of black
swans. The wounded heavens bleed.
Night's daggers are drawn, all poison and hate.
The water sheds its crystal husk
and plumbs its depths, its bemired heart.
Leprosy gnaws at the marble.
The ravines and gorges entrap
the festering light.
The envenomed Host arises.

Now is the time of the Black Sacrifice.

XLI. Ives, The Unanswered Question

Miasta nas grodzą. Więzienia miast,
gdzie klucznik-słońce chadza
o bacznym oku.
Mur ospowaty. Rdza. Dym i popiół.
Krew naszą piją brudne rynsztoki.
Ulice wiodą w ulice. Zaułki w zaułki.
Oczodoły okien zapatrzone w Dno.
Nieskończoność luster. Na pustynnych placach
krąży oślepłe, zabłąkane echo.
I tylko cień na nierównym bruku:
zapoznany, tajemny, nieobeszły znak?
Kto tu jest bardziej żywy?
Posągi wmyślone w nieodmienny gest,
czy my co powtarzamy skamieniały ruch?

XLI. Ives, The Unanswered Question

The cities enclose us. Municipal prisons,
where the jailer-sun patrols
eagle-eyed.
A pock-marked wall. Rust. Smoke and ash.
Our blood is drunk by filthy guttering.
Streets lead to streets. Alleys to alleys.
The windows' eye-sockets gazing into the Deep.
The infinity of mirrors. Across deserted squares
wanders a blinded, stray echo.
A mere shadow on uneven flagstones:
an unrecognised, mysterious, indiscernible sign?
Who here is more alive?
The statues imbued with set gestures
or we who emulate their petrified pose?

XLII. Vaughan-Williams, Fantazja na temat Tallisa

Aż przyjdzie czas
gdy trzeba będzie zdać rachunek
z dzierżawy tych ogrodów
dotykalnego blasku
który zwaliśmy ziemią

Co wtedy powiemy Panu
w ów dzień żałości?

Że wierzyliśmy w moc
a było to charłactwo
w przepych i użycie
a były to łachmany
w wiedzę i rozum
a było to szaleństwo
w materię
a był to tylko kokon
ducha
że roztrwoniliśmy wszystko
spustoszyli
i wiodła nas ciemność

XLII. Vaughan Williams, Fantasia on a Theme of Thomas Tallis

When the time comes
the day of reckoning
on the lease of these gardens
of tangible brilliance
we called the earth

What will we tell the Lord then
on that sorrowful day?

That we believed in might
but it was decrepitude
in splendour and pleasure
but they were tatters
in knowledge and reason
but this was insanity
in matter
but this was just the spirit's
cocoon
and that we had squandered
devastated all
guided by darkness

XLIII. Karłowicz, Odwieczne pieśni

Góry
      obejmijcie nas
rzeki
      ponieście nas
doliny
      dajcie nam ukojenie
jeziora
      obdarzcie nas snem
lasy
      wypełnijcie nas ciszą
morza
      bądźcie miarą naszych serc

Ziemio ziemio czysta
zachowaj nas
nie opuszczaj nas

XLIII. Karłowicz, Eternal Songs

Mountains
        embrace us
rivers
        bear us along
valleys
        give us solace
lakes
        grant us slumber
forests
        fill us with silence
seas
        be the measure of our hearts

O land o land so pure
preserve us
do not abandon us

XLIV. RAVEL, KONCERT FORT. D-DUR

Wstępowanie
wznoszenie się
wytrwale
bez wytchnienia
bez skrzydeł
po omacku
stopień po stopniu
tarasy
tarasy słońca
wyżyny jasności
płaskowyża blasku
spiętrzone
coraz wyżej
i wyżej
coraz bardziej strome
niedostępne
wznoszenie się
wspinanie
szczebel po szczeblu
coraz trudniej
coraz bardziej ciąży
powłoka ciała
coraz szersza
jaśniejsza
otchłań
odwrócona
odrzucona w górę
błękitem

XLIV. Ravel, Piano Concerto in D-major

Entry
ascent
persevering
without respite
without wings
gropingly
step by step
terraces
terraces of the sun
heights of clarity
plateaus of brilliance
stage by stage
ever higher
and higher
ever steeper and steeper
inaccessible
ascent
climbing
rung by rung
ever more difficult
ever more burdensome
the body's sheath
ever broader
and brighter
the abyss
reversed
upturned
into azure skies

Spotkamy się
tam
na szczytach
gdzie śniegów
światła
runo
niepokalane

We will meet
there
on the summits
where are the lights
of the snows
the immaculate
fleece

XLV. De Falla, Taniec ognia

Inaczej taniec.
Kształtów rytm skrzydlaty
Miłosna harmonia
Kolorów w zachwycie.
Ruch wewnątrz burzy.
Rozłam w głębi czasu.
Inaczej taniec.
To co zwiemy życiem
I to co idzie na pastwę płomieni
Inaczej taniec.
Strzęp błyskawicy
Wydarty niebu.
Skok ponad śmiercią.
Ogień Boży. Wiatr.

XLV. De Falla, Dance of Fire

A different dance.
Winged rhythm of forms
Harmony of love
An ecstasy of colours.
Motion within a storm.
Rupture in the depths of time.
A different dance.
What we call life
And what falls prey to the flames
A different dance.
Snatches of a lightning flash
torn from the sky.
A leap over death.
Divine fire. Wind.

XLVI. Bartok, II Koncert fort.

Tylko jedna droga
wiedzie
przez nieopisane
ogrody
ziemskiego raju
droga
którą niesiemy
w sobie
i której kres
gubi się
w nas samych
droga straszliwa
szlak nieustającej grozy
jak ostrze noża
w poprzek
przepaści

XLVI. Bartók, 2nd Piano Concerto

Only one road
leads
through the indescribable
gardens
of paradise on earth
a road
we carry
within ourselves
and whose end
is lost
within us ourselves
a terrifying road
a path of unrelenting menace
like the blade of a knife
athwart
an abyss

XLVII. SZYMANOWSKI, ETIUDA B-MOLL

„...i cóż posiadłem? kwiat z niebieskich pól —
cichy, bezkresny — niepojęty ból."
TADEUSZ MICIŃSKI

Którąkolwiek strunę trącisz
mglistą
srebrną
lub promienną
ona raną ci odebrzmi
żywą
wieczną
bezimienną

XLVII. Szymanowski, Étude in B Minor

"... so what did I possess? a flower from the celestial fields — silent, infinite, unimaginable pain."
Tadeusz Miciński

Whichever string you pluck
misty
silvery
or bright
it will resound as an injury
live
eternal
nameless

XLVIII. Strawiński, Święto wiosny

Czas, rzeka czasu
co bierze początek
w otchłani
nieustający gejzer
co tryska
bez wytchnienia
pęd nieubłagany
bieg na oślep
zapamiętanie źródeł
nurt co wiedzie
do nikąd
i porywa wszystko
ze sobą
by powrócić
do swego początku
do punktu wyjścia
na dno
Wielkiej Pustki
gdzie przezroczyste kręgi
rozchodzą się
wiekuiście
gdzie dojrzewa
wielki owoc
milczenia
gdzie trwa
w nieistnieniu
Ginnungagap
Otchłań Nicości

XLVIII. Stravinsky, Rite of Spring

Time, river of time
rising
in the abyss
an incessant geyser
gushing
without respite
with relentless impetus
blindly
the frenzy of the springs
a current that leads
nowhere
sweeping all away
as it goes
to return
to its origin
to the starting point
to the depths
of the Great Wilderness
where limpid circles
propagate
perpetually
where ripens
the great fruit
of silence
where survives
in nonexistence
Ginnungagap
The Abyss of Nothingness

XLIX. WEBERN, WARIACJE NA ORK. OP. 30

W pustej, bezbarwnej przestrzeni — trwanie.
Nieskończona dezintegracja
diminuendo
ale także przyciąganie się
dążenie ku sobie
zderzanie
koincydencja
atomów dźwięku.
Nieustanne mijanie się istnień
biegnących po ekscentrycznych orbitach
a jednak współzależnych
zwróconych ku sobie
odbijających się w sobie
wzajemnie zdeterminowanych

Apoteoza milczenia
z kantowskim
Ding an sich
na dnie

Invisible présence [Invisible presence]

XLIX. Webern, Variations for Orchestra Opus 30

In deserted, colourless space — survival.
Unceasing disintegration
diminuendo
but also attraction
drifting together
collision
coincidence
of atoms of sound.
Perpetual criss-crossing of beings
running in eccentric orbits
yet inter-dependent
turned towards each other
mutually reflecting
mutually determined

The apotheosis of silence
with Kant's
Ding an sich
in the depths

L. Berg, Wozzeck

Oto czas rozbicia
doba rozszczepienia
oto rozkład i rozpad
ludzkiego atomu
oto jest rozdarte
to co niepodzielne
rozłamane
skruszone
zmiażdżone
co było zupełne
rozburzone
co pięło się w górę
nadobłoczną kolumną
monolitem
ducha

Oto świat zdruzgotany
gasnący
oto człowiek
proch z prochu
rumowisko światła

L. BERG, WOZZECK

This is the time of destruction
the era of dispersion
this is the decay and disintegration
of the human atom
here is the indivisible
now riven
destroyed
pulverised
crushed
what was complete
is demolished
what was rising up
in a column sky high
a monolith
of the spirit

Here is the world shattered
expiring
here is humanity
dust from dust
the debris of the light

LI. Varèse, Ameryka

I metal będzie władał wami:
Nie drzewa dłoń przyjazna,
dom jasny, gościnny,
nie drzewa obecność uważna,
ni drzewna cienistość,
drzewna promienistość,
ni kość, ni muszla.

Metal. Podziemnych planet
obroty złowrogie,
żar martwy, tamta strona ognia,
klinga zimna i ostra,
kleszcze, szpony, szczęki,
zachłanne, zawrotne tryby,
co będą was szarpać i miażdżyć,
nękać i łamać niewzruszonym kołem,
aby oderwać was od treści waszej,
aż po ostatni szczebel
mrocznego cyklu,
aż do dna zagłady.

Bo podeptane, pogwałcone Prawo.
Zbezczeszczona liturgia. Domena profanów.
Wznieciła żywioł świętokradcza ręka.
Powraca huraganem burza minerału.

LI. Varèse, Amériques

Metal will rule you now:
Not the tree's helping hand,
bright, welcoming home,
not the tree's watchful presence,
nor the tree's welcome shade,
nor the tree's radiance
nor bone, nor shell.

Metal. The sinister revolutions
of subterranean planets,
dying embers, the far side of fire,
a cold, sharp blade,
pincers, grippers, clamps,
rapacious, wild cogwheels,
that will assail you and crush you,
gnaw you, break you on the relentless wheel,
tearing you from your own being,
till the last stage
of its dark cycle
gains the depths of annihilation.

For the Law is trampled, violated.
Liturgy desecrated. The domain of the profane.
The hand of sacrilege has whipped up the elements.
The storm of minerals returns, a hurricane.

LII. Martinů, Koncert na dwie ork. smy-czkowe, fort. i perkusję

To tylko *no man's land*
przesmyk
pas graniczny
pomiędzy

Ni na jednym ni na drugim brzegu
ni z tej ni z tamtej strony
pomiędzy
pomiędzy niebem a popiołem ziemi
pomiędzy życiem a uskokiem śmierci
pomiędzy światłem i otchłanią
pomiędzy ogniem i ślepotą lodów
pomiędzy raną i tym co zadaje ranę
choć jedno drugie stwarza

To tylko *no man's land*

LII. Martinů, Double Concerto for Two String Orchestras, Piano and Timpani

This is merely no man's land
an isthmus
a frontier zone
in between

Neither on one or other bank
neither this side nor that
in between
between heaven and the ash of the earth
between life and the precipice of death
between the light and the abyss
between fire and the blindness of ice
between injury and what inflicts injury
albeit one creates the other

This is merely no man's land

LIII. PROKOFIEW, VII SONATA FORT.

Trzeba być jak kryształ
i jak stal
kruszec młodości
trzeba być
jak strzała
co przenika serce
słońce świata
jak wicher
co nie zna przeszkody
jak światło
co zawsze powraca
jak pierwszy brzask
jak błyskawica
aby przedrzeć się
przebić
przedostać
na tamten brzeg
na tamtą stronę dnia
na tamten ląd
niewidzialny
ale niezmierzony

Trzeba być jak kryształ
i jak stal

LIII. PROKOFIEV, 7TH PIANO SONATA

You have to be like crystal
yet like steel
the mineral of youth
you have to be
like an arrow
piercing the heart
the sun of the world
like a storm
that knows no barriers
like a light
that always returns
like the first dawn
like lightning
to break out
with force
to reach
the other shore
the other aspect of day
that invisible
yet boundless
land

You have to be like crystal
yet like steel

LIV. Honegger, III Symfonia „Liturgiczna"

Znużone
strudzone są drogi mleczne
planety mgławice
zdrożone są słońca
księżyce i gwiazdy
zmęczona ziemia
rzeki oceany
zmęczone góry
lasy i potoki
zmęczony byt wszelki
brzemieniem istnienia
ruchem który mu
ciąży bólem
i niewolą

Kiedyż powróci
Dzień Siódmy
uspokojenie
bezruch tworzący
ruch nieporuszony
pokój
ukojonej Głębi
ogród uciszenia?

LIV. Honegger, Symphony No. 3, Liturgique

Fatigued
exhausted are the milky ways
planets nebulae
tired are the suns
moons and stars
weary the earth
rivers oceans
weary the mountains
forests and streams
weary the entire being
burdened by its existence
the affliction
of painfully fettering
motion

When will
the Seventh Day
return
calm
creative motionlessness
immovable motion
the peace
of the Abyss assuaged
the garden of serenity?

LV. Szostakowicz, VIII Kwartet

„I czeluście zobaczym czarne, co czyha za drogą,
 Które aby przesadzić Ludzkość nie znajdzie sposobu…"
Cyprian Norwid

Obła
mgławica mroku
jajo ciemności
rodnia nocy
wewnątrz
inna mgławica
w niej
jeszcze inna
i jeszcze
i jeszcze
i jeszcze
bez końca

A tam na dnie
krzyczy
człowiek

LV. Shostakovich, 8th Quartet

"That lurks 'cross the road, and black chasms open before us,
Which to traverse Mankind will find no way"
CYPRIAN NORWID, tran. Danuta Borchardt in
collaboration with Agata Brajerska-Mazur.

A spherical
nebula of darkness
ovary of darkness
womb of the night
within
another nebula
inside
one more
and another
and another
and another
without end

And there in the depths
crying
is man

LVI. Messiaen, Quatuor pour la fin du temps

Jeden tylko dźwięk
jeden ton
jeden jedyny
ten który był
u Początku
i ten który będzie
Kresem
obraz Słowa
kształt Słowa
wcielenie Słowa
sylaba święta
Alfa i Omega
bytu
Otwarcie i Zamknięcie
świata
treść boskości
esencja stworzenia
jeden tylko dźwięk
jeden ton
niedosłyszalny
niezniszczalny
niezmienny
bijący stale
z łagodnego źródła
oddech Stwórcy
tchnienie absolutu
Dźwięk Najwyższy
niedościgniony

LVI. Messiaen, Quatuor pour la fin du temps

Only one sound
one note
a single one
that was
in the Beginning
and will be
the Conclusion
the image of the Word
the form of the Word
the incarnation of the Word
the sacred syllable
the Alpha and Omega
of being
the Opening and Closing
of the world
the quintessence of divinity
the essence of creation
only one sound
one note
inaudible
indestructible
immutable
constantly emitted
by a benign source
the breath of the Creator
the respiration of the absolute
the Supreme Sound
the unattained

szczyt
którego nikt jeszcze
nie dojrzał
ginący w blasku
a który trzeba
osiągnąć

summit
no one
has yet seen
vanishing in the brilliance
yet it must be
attained

LVII. Britten, III Kwartet

Milczenie
      tafla wód
nić pajęcza
      czółno dźwięku   promień
sunie   wnika w głąb
      odbiega dotykalność
przestrzeń   dal przezroczysta
      otwiera się jak
   owoc
gdzieś czeka inny brzeg
      na krawędzi ciszy
bez raf bez boleści
    łagodne zbocza
     blasku
      ziemia świtania

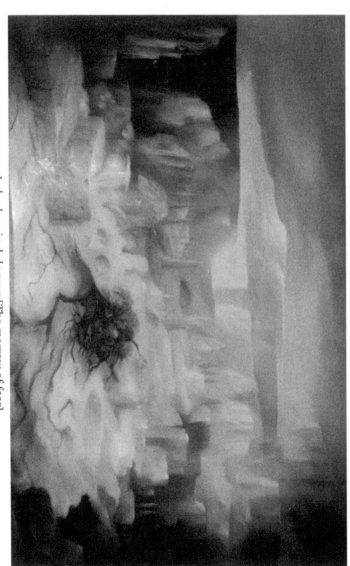

Le lendemain de la peur [The morrow of fear]

LVII. Britten, Third String Quartet

Silence
     a sheet of water
a spider's web
     a skiff of a sound   a ray
glides   penetrates
     tangibility slips away
space   transparent distance
     opening like
     a fruit
somewhere awaits another shore
     on the brink of silence
without reefs without distress
     benign slopes
      of brilliance
       the land of the dawning

LVIII. Lutosławski, Koncert wiolonczelowy

Nadchodzi
skrada się
bezgłośnie
na miękkich
łapach tygrysa
podpełza
coraz bliżej
i bliżej
bez twarzy
bez kształtu
nie wiadomo jak
nie wiadomo skąd
czatuje
czai się
czyha

Krzyczą
krzyczy ich
myśl
osaczona
krzyczą oczy
uszy
włosy
krzyczą usta
martwo zaciśnięte
krzyczą ręce

Pożar ciała

LVIII. Lutosławski, Concerto for Cello

Here it comes
sneaking up
soundlessly
on soft
tiger's paws
crawling up
ever closer
and closer
faceless
formless
who knows how
who knows from where
lurking
lying in wait
alert

They cry out
their thoughts
ensnared
cry out
their eyes cry out
their ears
their hair
their lips cry out
clenched lifeless
their hands cry out

Bodies aflame

I tylko milczenie
zaciska
powoli
pętlę
na ich szyi

and silence alone
slowly
tightens
the noose
round their necks

LIX. Ligeti, Requiem

Może to tylko odwrotność światła
ewolucja
salto mortale
linoskoczka
pomiędzy dwoma trapezami
który to sobą
to zaprzeczeniem siebie
wagą i przeciwwagą
biegunem i antybiegunem
kiedy poprzez podwójną pętlę
wkracza w siebie na odwrót
nie stając się innym niż jest
choć po TAMTEJ stronie

Wahadło
sprzężone zwrotnie
tętno dwoiste
puls świata

Może to tylko odwrotność światła

LIX. Ligeti, Requiem

Perhaps it's just the converse of light
evolution
a leap of death
a tightrope walker
between two trapezes
mutually
countering
weight and counterweight
polar opposites
as through a double loop
passing each other in reverse
they remain as they are
albeit on THAT side

A pendulum
retro-looped
a double pulsation
the artery of the world

Perhaps it's just the converse of light

LX. Baird, Sonety miłosne Szekspira

„Skąd przyjdzie odrodzenie do nas, którzyśmy skazili i spustoszyli cały glob ziemski? Tylko z przeszłości, jeżeli ją kochamy."
Simone Weil

Gdzie jest ów czas,
kiedy wędrowca witał mur omszały,
wrota otwarte na ścieżaj,
dębowa ława, stół sękaty
i chleb jak pół słońca,
i ser, a w dzbanach
miód i mleko
o smaku poranka?

Gdzie jest ów czas
fletni pośród sadów,
co właśnie rozkwitły
różanym obłokiem?
Czas czystej pieśni,
spokojnego serca
i trzody białej,
co pod skrzydła zmierzchu
ufnie powraca?

O, nie zaginął ów czas.
On gdzieś trwa i żyje:
Czyż nie dochodzi stamtąd
zapach ziół skoszonych

LX. BAIRD, SHAKESPEARE'S LOVE SONNETS

*"Whence can we gain rebirth, we who have defiled
and violated the entire globe? Only from the past,
if we love it."*
SIMONE WEIL

Where are the days
when mossy walls greeted a wayfarer,
gates opened wide,
an oak bench, a gnarled table
and bread like half a sun,
and cheese, and jugs full
of milk and honey
tasting of morning?

Where are the days
of flutes amid orchards
coming into bloom
with pink clouds above?
The time of pure song,
heartsease,
and white flocks,
that under the wing of the dusk
confidently return?

No, those days are not gone.
They live on, they survive somewhere:
Do they not breathe
the fragrance of fresh herbs

i woń żywicy,
czy nie słychać smukłych
tonów lutni,
kroków w krużganku
i parskania koni
w południe
na wzgórzu zamkowym?

Nie zaginął ów czas.
On powróci
jak odnaleziona droga.

and the aroma of resin,
do not the graceful tones
of the lute reach our ears
footfall in the cloisters
and the snorting of horses
at noon
on the castle hill?

Those days are not lost
They will return
as a pathway regained.

LXI. B. Evans, Peace Piece

Zatrzymać przepływające
zatrzymać umykające
ulotne
jedyne
niepowtarzalne
zawsze inne
nie powracające
chwile
ptaki przelotne
oddech świata
tkaninę
wieczności

LXI. B. Evans, Peace Piece

Retaining what's floating away
retaining the fugitive
the ephemeral
the unique
the exclusive
the always different
the unrepeatable
moments
birds of passage
the breath of the world
the fabric
of eternity

LXII. Takemitsu, Requiem

Świat jako punkt:
Jako miejsce dotarcia
linii prostych zbieżnych
w jednym centrum
Jako miejsce przecięcia się
przeciwstawnych
punkt ciężkości
na styku konieczności i przypadku
Jako wyznacznik relacji
między „tutaj" a nieskończonością
Jako wybór
jedynego celu
z nieskończoności możliwych
Oznaczony nieoznaczony
Sprowadzalny do alfa
Bezbłędny
jak milczenie
jak gwiazda na niebie
jak róża samotna
w zieleni ogrodu

LXII. Takemitsu, Requiem

The world as a spot:
As a place
where straight lines converge
on a single centre
As a place of intersection
of opposites
a centre of gravity
the meeting of inevitability and chance
Showing the relation
between here and the infinite
As the choice
of a unique goal
among infinite possibilities
Denoted not denoted
Tantamount to alpha
Faultless
as silence
as a star in the sky
as a lone rose
in the greenery of the garden

LXIII. Penderecki, Magnificat

Wołają nas
wzywają
miriady głosów
z otchłani
z niewymiernych oddali
miriady umarłych
jak nieskończoność gwiazd
gwiezdny chór
bezgłośny
czemu
ich nie słuchamy
może nareszcie
coś byśmy pojęli
może to oni właśnie
są oddechem
Boga
który przedziera się
ku nam
poprzez topiel
śmierci?

LXIII. Penderecki, Magnificat

They call us
we are summoned
by myriad voices
from the abyss
from immeasurable distances
the myriad dead
like an infinity of stars
a choir of stars
voiceless
why
do we not hearken
perhaps at last
we would grasp something
perhaps they in fact
are the respiration
of God
seeking to reach
us
through the deep waters
of death?

LXIV. SCHULZE, TIMEWIND

Kiedy powróci cisza
ta pierwsza
niezmącona
co powiła Słowo

kiedy powróci błękit
źródlany
nie splamiony
pleśnią niepokoju

kiedy powróci światło
rozblask pierwszego
dnia
i pierwsza nagość wody

kiedy powróci prawda
koło niebios
jednia
kryształowej kuli

Panie, wybacz nam
żeśmy zwątpili

Sérénité [Serenity]

LXIV. Schulze, Timewind

When silence returns
the original
untroubled silence
begotten by the Word

when azure skies return
from the source
unsullied
by the blight of distress

when light returns
the brilliance of the first
day
and the first nakedness of the water

when truth returns
the circle of the heavens
the unity
of the crystal sphere

Lord, forgive us
for doubting

WYGNANIEC
PAMIĘCI MICHAŁA JÓZEFOWICZA (1941-1989)

Był tu wśród nas, przechodzień milczący
cień przelotnego orła
z Krainy Sczczytów,
wygnaniec, który dostąpił powrotu
i niesie do ust czarę wypełnioną
światłem.

Był z tych, którzy widzą
jak muzyka rzeźby dłutem ciszy
pajęcze pnącza ulotnych budowli
jak drzewo rośnie do wewnątrz
w głąb smukłej Tajemnicy
jak strumień przyobleka się
w skrzydła błękitu.
Zostawił za sobą zwaliska, które bluszcz oplata
katedry, z których duch uleciał
chaszcze u progu Bramy
która wiodła w Prawdę.
Ptaki posmutniały. Woda rozsypała
swe czyste korale i zstąpiła w mrok.
Zwierciadła zatopiły się we właśnej toni.

A on kroczy od snu do snu.
Inna ciemnośćjego dziśpożąda.
Inne ruiny, gdzie żar tryska z popielisk..

THE EXILE
To the memory of Michał Józefowicz (1941-1989)

He was here among us, a silent passer-by
the shadow of a transitory eagle
from the Land of Summits
an exile who gained the honour to return
raising to his lips a goblet
brimming with light.

He was one able to see
how music sculpts with a chisel of silence
spidery creepers on ephemeral walls
how a tree grows inwardly
towards the depths of slender Mystery
how a stream is re-clothed
in wings of azure
He left behind him ivy-clad ruins
cathedrals whence the Spirit has flown
thickets at the threshold of the Gates
leading to Truth.
The birds were saddened. The pure beads of water
dispersed, descending into obscurity.
The mirrors drowned in their own depths.

But he moves on from dream to dream
Another darkness covets him today.
Other ruins, where the embers glow hot.

Lightning Source UK Ltd.
Milton Keynes UK
UKOW06f0608030517

300374UK00011B/49/P